REGENBOGEN MEINER POESIE

Wundertütenpoet

VON

TINA HÜSCH

DIE MÖGLICHKEITEN
VON POESIE UND MITGEFÜHL

ISBN: 9783754333037

Herstellung und Verlag: BoD – Books on Demand, Norderstedt

ABOUT ME

Ich liebe die Zeit, wenn der Tag erwacht und alles noch ganz leise ist. Die Zeit, wenn mein Geist gerade von seiner Traumreise zurückkehrt, um meiner Seele von den wundervollen Dingen am Ende des Regenbogens zu erzählen.

Ich mag es sehr, lange zu frühstücken, mit lebhaften Worten, Ananas und Rührei.

So kann ich mir den anbrechenden Tag in den schönsten Farben und Wundern ausmalen und überall kleine kichernde Sonnenflecken sehen.

Es macht mir große Freude, im Land meiner eigenen Phantasie spazieren zu gehen und immer wieder neuen Gedichten und Abenteuern zu begegnen.

Das Zwitschern der Vögel lässt meine Seele frei und dankbar sein und malt mir ein Lächeln ins Gesicht.

Komm mit und folge mir durch das Kunterbunt des Regenbogens, Du wirst erstaunt sein, wenn Du siehst, wie Deine Seele zu leuchten beginnt.

TINA

FÜR

MEINES HERZENS

MITGEFÜHL ...

Für alle,

die nach der Tiefe des Mitgefühls

ihrer Seele suchen

und den Raum aller Möglichkeiten kennen.

Für Dich,

weil Du weißt,

dass die positive Energie von Mitgefühl

Berge versetzen kann.

INHALT

Vielen lieben Dank,

dass Du dieses Büchlein gekauft hast

und die Welt dadurch

ein kleines bisschen besser machst ...

EINBLICK, EINSICHT, ERKENNTNIS ...

In unserem Leben gibt es Höhen und Tiefen, wir durchschreiten Täler und steigen auf Berge, doch egal was passiert, dass Wichtigste bei unserer Lebensreise ist, dass man nicht alleine ist, den Mut verliert oder aufgibt, an ein besseres Morgen zu glauben.

Aus diesem Grunde lasst uns füreinander da sein und uns gegenseitig immer mit der Energie von frischem Mut beschenken, damit ein jeder von uns am Ende des Horizonts die Sonne wieder erkennen kann.

Empathie ist das Zauberwort, das es zu wecken gilt. Sich in das Gefühlsleben und die Gedankenwelt eines anderen Menschen hineingleiten lassen können, die Welt aus den Augen des anderen zu sehen, um so mehr Verständnis für dessen Lebenssituation zu bekommen.

Somit schenkt Empathie uns einen vorausschauenden Weitblick für unser Umfeld. Empathie bedeutet nicht, dass man die Meinung eines anderen Menschen annehmen soll, sondern vielmehr, die dahinterliegende Gefühlswelt verstehen zu lernen, aus der sich das Meinungsbild des anderen zusammensetzt.

Je mehr man lernt, aufgeschlossen zu sein, auf Menschen zuzugehen, ihre Meinungen respektiert und deren Hintergründe kennenlernt, umso offener wird die eigene Welt. Es ist eine wundervolle Erfahrung, die einem zu verstehen gibt, dass man ein Teil des großen Ganzen ist und dass das große Ganze eine Art wundervolles Mosaik ist, in dem kein Steinchen fehlen sollte. So sind wir alle Steinchen und Zahnräder im System, gemeinsam statt einsam schaffen wir das Unmögliche.

Also lasst uns füreinander da sein, lasst uns zukünftig EMPATHIE in unserem Leben großschreiben. Es wäre so schön, wenn es immer jemanden gäbe, der unseren Namen kennt, so dass niemand je vergessen werden kann.

Gegenseitige Hilfe und Anteilnahme am Sein des anderen, sich in den anderen hineindenken können und das Gefühl zu verstehen, was den anderen ausfüllt, ist ein wichtiger Bestandteil für ein Leben aus vollem Herzen.

Und dieses Leben aus vollem Herzen ist letztendlich das, was wir Glück nennen.

Wenn man es wirklich schaffen möchte, dauerhaft glücklich zu werden, muss man es vorher geschafft haben, empathisch zu sein, damit man offen ist für die Stücke, die das Leben auf der eigenen Lebensbühne zu spielen gedenkt.

Daraus entsteht Mitgefühl mit sich und der Welt, es entsteht Akzeptanz und Annahme und der Mut der Kraft, aus allem etwas Positives entstehen lassen zu können.

Es ist die Fähigkeit, im Dunkel das Licht zu sehen und nicht verzweifeln zu müssen, da man seine Gefühle teilen kann und die Gewissheit erlangt, dass man nicht alleine ist. Egal in welchem Boot man gerade sitzt, es gibt viele Menschen, die dasselbe Boot bestiegen haben, und das Gefühl der Energie der gegenseitigen Unterstützung hilft allen weiter.

Kein Lebewesen in seinem Leid alleine zu lassen und allen die Möglichkeit zu geben, nach vorne zu blicken, ist ein Talent, das in uns allen schläft und darauf wartet, von uns geweckt zu werden, um die Welt zu einem besseren Ort werden zu lassen. Und genau aus diesem Grunde wurde dieses Buch geboren, es ist hier auf diese Erde gekommen, um ausschließlich „Gutes" zu tun.

Es soll den Lesern ein Lachen in die Seele zaubern und mit seinen Erlösen überall dort helfen, wo gerade Hilfe gebraucht wird.

Dieses Büchlein möchte mit Hilfe von kunterbunter Regenbogenpoesie seinen Lesern Hoffnung und Zuversicht geben.

Es verspricht die Gewissheit, dass nichts so bleibt, wie es ist, alles unterliegt einem Wandel und man besitzt die Zauberkraft der eigenen Energiemagie, mit deren Hilfe man alles positiver gestalten kann. Es soll allen Menschen die Kraft schenken, an das Gute zu glauben und nach Wundern Ausschau zu halten. Auch wenn man sich in einem Lebenstal befindet, wird es wieder bergauf gehen und die Traurigkeit wird ausziehen.

Manchmal ist es jedoch schwer, dies vor lauter Verzweiflung erkennen zu können, wenn die Mutlosigkeit und die Angst einen beherrschen und den Blick nach vorne versperren.

Doch gerade in diesen Momenten sollte man füreinander da sein und einander helfen, wenn die bösen Geister kreisen, denn das Mitgefühl anderer Menschen hilft der eigenen Seele wieder einen neuen Horizont zu finden und zu erkennen, dass die Dunkelheit der Traurigkeit durch positive Energie ihre Macht verliert.

In jedem von uns lebt der Zauber dieser Energie, die Dinge zu verändern und besser werden zu lassen.

Lasst uns gegenseitig diesen Zauber in uns wecken und am Leben halten, so ist dieses Buch ein Hoffnungssender, Krisenabwender und Freudenspender.

Ich wünsche mir eine Welt, in der kein Lebewesen mehr hungert und friert, keiner sich mehr alleingelassen fühlt und ratlos vor Angst ist. Eine Welt, in der Mitgefühl ganz vorne steht und die Achtung für den anderen über allen Dingen schwebt.

Eine Welt, in der jedes Leben gleich viel zählt und jeder kommende Tag diese Welt verbessern mag.

Dieses Buch ist mein Anfang für diese wundervolle Wunderwunschwelt.

Und so wünsche ich mir weiter, dass Ihr alle mit der Kraft Eurer Energie Euer Glück findet und füreinander da seid. Dass jeder sich in sein Gegenüber hineinversetzen kann und dadurch langsam alles Schlechte und Negative von diesem Planeten verschwinden mag.

WILLKOMMEN IN MEINER WELT!
MACHT ALLE MIT, UND WIR MACHEN SIE, WIE SIE UNS GEFÄLLT!

Deshalb lasst uns einander immer Hoffnung auf ein besseres Morgen schenken, nicht nach dem eigenen Vorteil fragen und vor Problemen nicht verzagen. Lasst uns ineinander das Schöne erkennen, die Freude benennen und uns nicht mehr trennen. Das, was in keinem schlagenden Herzen fehlen darf, ist die Hoffnung auf ein besseres Morgen ohne Sorgen.

Komm und schau, was alles in der **Hoffnung** steckt, damit Du es weckst:

H – ilfe
O – ptionen
F – ürsprache
F – undus
N – utzen
U – nterstützung
N – ähe
G – lück

Solange es **Hilfe** und **Optionen** gibt, gibt es die Chance der **Fürsprache** untereinander füreinander. Diese lässt einen unendlich großen **Fundus** an Möglichkeiten entstehen, den es zu **nutzen** gilt, so kann mit **Unterstützung** und **Nähe** das **Glück** wieder überall einziehen.

Mach Dir diese Erkenntnis zu eigen und trage sie hinaus in die Welt, lass überall dort, wo Du bist, die Freude einziehen und die Menschen ein Lächeln im Gesicht tragen. Sei selbst der Mensch, den Du Dir als Freund wünschst, und zieh somit diese Menschen an.

Dann wird die Welt schon ganz bald zu einem schöneren Ort.

REGENBOGEN IN MIR

Da gibt es diesen Regenbogen in mir,
dessen Magie ich nie verlier,
seinetwegen bin ich hier,
um seinen Zauber vorzustellen,
die Welt zu erhellen
und Wunder zu bestellen.
Schenkt mit bitte etwas Zeit
und macht eure Herzen weit,
vergessen wird so alles Leid.
Große Wunder werden kommen,
mein Geist hat es schon lang vernommen,
gemeinsam können wir es hinbekommen.
Lasst uns einander Freude schenken
und das Leben in die schöne Richtung lenken.
Denn dann werden wir wieder alle glücklich sein
und keiner ist mehr allein.

Das Gefühl, anderen Menschen Freude und Hoffnung schenken zu können, gehört zu den schönsten und positivsten Gefühlen hier auf dieser Welt.

LASS VON NUN AN AUCH DU ES ZU DEINEM LIEBLINGSGEFÜHL WERDEN, DAMIT ES EINZIEHEN KANN HIER AUF ERDEN, DENN DANN SIND WIR ZUSAMMEN ZWEI UND WERDEN BALD AUCH DREI UND VIER ... UND DAFÜR SIND WIR HIER.

ERSTER STREICH ...

Wenn wir **Das Böse wegkriegen, Was wird bleiben?** in unserem **Lebenszirkus?** Es könnte **Endlich wieder Sommer** werden, wenn jeder **Geisterfahrer** der **Lebensbodenwelle** entkommt, so lasst uns aufbrechen **Richtung Sonne,** damit im **Bücherregal des Lebens** der **Versuch, immer zu lachen,** zum **Geheimnis des Lebens** wird.

Denn **Das letzte erste Mal Im Gespräch mit meinen Geistern** habe ich die **Antwort der Seele** gefunden, auf der **Lebensbühne** nur frohe Stücke zu spielen, die glücklich machen.

DAS BÖSE WEGKRIEGEN

Ich bin bereit, Ewigkeit zu werden,
will das Böse besiegen,
das Jammern wegkriegen.
So wird das Gute bleiben
und die Freude verweilen.
Vielleicht können es irgendwann alle erkennen
und wieder benennen,
ohne irgendwas zu nehmen,
so gibt es wieder lebensfrohe Themen
und lachende Lebensszenen.

WAS WIRD BLEIBEN?

Was wird von uns bleiben,
wenn die Zeit uns mitnimmt?
Wo wird es hingehen,
wenn des Lebens Melodie verklingt?
Wird es neue Lieder geben,
wo wird unsre Seele schweben
am Ende vom Leben?
Ich bin sicher,
es wird ein Morgen geben
in einem neuen Land
und das ist uns nicht unbekannt.
Hab es schon so oft bereist,
denn es macht uns alle gleich
für ein weiteres Spiel auf Erden,
bis wir zur Energie der Unendlichkeit werden!

LEBENSZIRKUS

Das Leben ist ein Zirkus
und dein Humor der Direktor der Manege.
Lass deine Verrücktheit die schönsten Kunststücke machen,
eine Menge Applaus entfachen
für des Lebens schönstes Lachen.

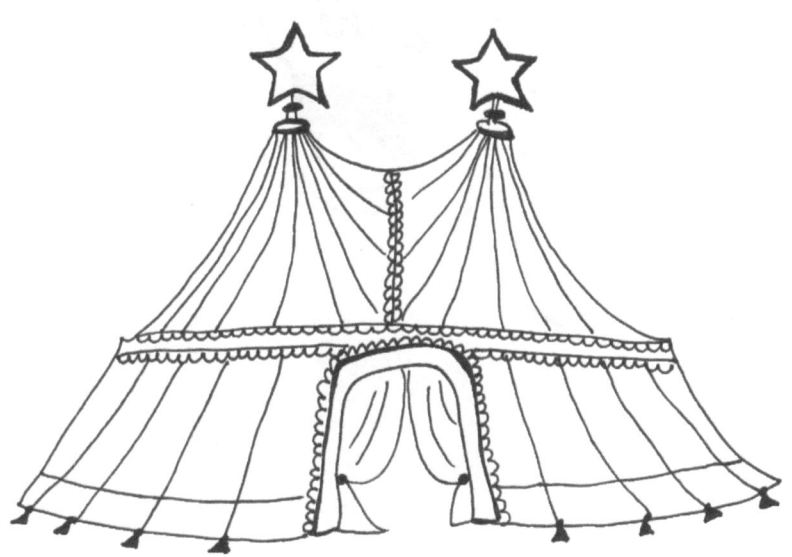

ENDLICH WIEDER SOMMER

Endlich wieder Sommer,
endlich wieder Feuerglut
und das Gefühl von frischem Mut.
Ach, was tut es mir so gut
mein quietschvergnügtes Leben,
mein Durch-die-Träume-Schweben,
mein kreatives Ideenaufwecken,
alle meine Chancen neu zu checken.
Mich vor nichts mehr zu verstecken
und mit Übermut der Angst die Zunge rauszustrecken.

GEISTERFAHRER

Im Geist der Fahrer
Richtung Unendlichkeit
sind wir alle Ewigkeit.
Kilometerweit ohne Sicherheit
Richtung Freiheit, für alles bereit,
jetzt und zu jeder Zeit.
Erkennen wir doch oft nicht,
wenn unsere Seele mit uns spricht.
Meinen sogar, es wäre unsere Pflicht,
einfach auf dem Weg zu bleiben,
den Profit nach vorn zu treiben,
sich innerlich die Hände reiben,
vorm Weltenreichtum sich verneigen.
So erkennen wir oft nicht, was unsere Seele da so spricht.
Sehen plötzlich überall Geisterfahrer,
doch bei genauerem Hinschauen wird es klarer,
wir sind unser eigener Beifahrer
auf der Lebensautobahn,
steuern rasch mit vollem Elan
viel zu oft die falsche Richtung an,
sehen so
die ANDEREN nahen,
erkennen nicht den eigenen Wahn.

Denken immer noch, wir wären perfekt,
dabei sind wir im falschen Projekt,
ohne Respekt
vor den Lichtern, die da kommen,
fühlen wir uns leicht benommen,
doch unsere Seele hält standhaft fest,
gibt ihr der Geist im Fahrer auch den Rest!

LEBENSBODENWELLE

Da war eine Baustelle
wegen einer Lebensbodenwelle
genau an dieser engen Stelle,
es gibt nämlich keine Zufälle.
Vielleicht war es aber auch nur eine Quelle
für meines Herzens Notfälle,
wenn ich mir das so vorstelle,
erkenne ich meine Extremfälle
und lasse sie in Zukunft nicht mehr über die Schwelle.

RICHTUNG SONNE

Der Boshaftigkeit streck ich die Zunge raus,
mit der miesen Laune ist es aus.
Richtung Sonne wird es gehen,
denn die gute Laune wird zu mir stehen.

BÜCHERREGAL
DES LEBENS

Im Bücherregal des Lebens
steht kein Buch vergebens.
Alle Kapitel haben einen Sinn!
Lies sie, dann bekommst du alles hin ...
Dieses wundervolle Lachen,
das ständige Wunder-Entfachen,
all die verrückten Sachen,
die dir die Möglichkeiten geben,
dein Leben zu tanzen und zu schweben!

VERSUCH, IMMER ZU LACHEN

Versuch, immer zu lachen,
anstatt zu weinen,
so gönnst du deinem Leben Pausen
und die Götter können nicht hausen
oder gar in Unmut aufbrausen.
So wird die Traurigkeit vergehen
und alles Schlechte alt aussehen.

GEHEIMNIS DES LEBENS

Mit Humor
gehört das Geheimnis des Lebens dir.
Du kannst die Sterne und den Himmel sehen,
alle Traurigkeit wird vergehen
und zieht an dir vorbei.
Dein Glück
wartet da draußen,
besuch es,
lad es ein
und es wird immer bei dir sein.

DAS LETZTE ERSTE MAL

Wann hast du das letzte Mal
was zum ersten Mal gemacht?
Ich, heute Morgen um acht!
Da bin ich aufgewacht
und hab darüber nachgedacht,
als Erstes meiner Seele einen Tanz zu schenken,
sie nicht länger mit dem Alltagsgrau zu kränken
und meine Lebensreise nur in Richtung Frohsinn zu lenken.

IM GESPRÄCH MIT MEINEN GEISTERN

Ich hatte noch nie Langeweile,
hab mich immer viel mit meinen Geistern unterhalten,
um was Neues zu gestalten.
So konnte ich jede Tristesse von mir abhalten
und mein Leben mit Fröhlichkeit verwalten.

ANTWORT DER SEELE

Ich fühl mich frei,
alles Schlechte ist vorbei.
Hab der Traurigkeit ein Bein gestellt,
`ne Grube gegraben
und gewartet, dass sie reinfällt.
Dafür brauch ich kein Geld,
sondern nur meiner Seele Ideen,
sie lassen mich nicht alt aussehen.
So werde ich immer mein Morgen haben,
brauche nie zu verzagen,
denn ich kann meine Seele fragen,
sie wird immer eine Antwort haben!

LEBENSBÜHNE

Auf der Bühne des Lebens
sind Tränen vergebens,
hier gilt es zu tanzen,
sich nicht hinter Traurigkeiten zu verschanzen.
Lass die Trübsal einfach stehen,
so wird sie von allein vergehen.
Entzieh ihr die Aufmerksamkeit,
sei für den Frohsinn bereit,
dann sind wir schon zu zweit!

ERKENNTNISSE DES ERSTEN STREICHS ...

WENN man zu sich selbst findet und erkennt, dass man sich selbst
zu oft im Leben eingeengt hat, ist es wichtig, diese Engstellen
niederzuschreiben, damit sie nicht wiederkommen und
unendlich weit werden.

. . . .
. . . .
. . . .
. . . .
. . . .
. . . .
. . . .
. . . .
. . . .
. . . .
. . . .
. . . .
. . . .
. . . .
. . . .
. . . .
. . . .
. . . .
. . . .
. . . .
. . . .
. . . .
. . . .
. . . .
. . . .

44

ZWEITER STREICH ...

Wenn man so entdeckt, dass man die Engstellen in seinem Leben ändern kann, beginnt man das Leben zu tanzen, nicht im Kleinen, sondern im Großen und Ganzen!

SO SPIEL SCHNELL DIE SCHÖNSTE MELODIE UND TANZ ZU MEINEN GEDICHTEN WIE NOCH NIE ...

Schon morgen könnte aus jeder **Schubladenidee** im **Feld der Möglichkeiten** ein **Freudenmeer** entstehen.

Von allein käme die **Zweisamkeit** für unser **Brauseherz**, und aller **Lebensstaub** wäre passé.

Keiner müsste mehr die **Abrissbirne** schwingen oder einen **Sorgentee** trinken, alles wäre **Einfach wundervoll**.

So ist **Meine Bitte für die Mitte** als **Konsequenz meiner Inkonsequenz** für jeden ein **Eigner Himmel**, in dem **Humor ist Trumpf** großgeschrieben wird.

SCHON MORGEN

Augen Richtung Zuversicht,
so wird alles leicht
von dir erreicht.
Denn schon morgen ist heute vergangen
und du musst nicht mehr bangen.

SCHUBLADENIDEE

Sperr deine Ideen nie in eine Schublade ein,
so hinderst du sie nämlich am Leben zu sein.
Warte nicht auf den perfekten Augenblick
für dein Ideenfundstück.
Lass es hinaus in diese Welt,
damit es sie ein wenig erhellt.
Lerne, dass es perfekt nicht gibt,
sondern nur lustig und vergnügt.
Nutze jedes Sekundenglück,
es kommt nicht mehr zurück.
Denn auf dem Friedhof der guten Ideen
möchte ich deine Träume nicht sehen.
Lass sie zu deinen eigenen Wundern werden
und ihre Existenz nicht durch irgendeine
Schublade gefährden!

FELD DER MÖGLICHKEITEN

Da, wo die Freude in dir lebt,
zwischen Herz und Bauch,
da gibt`s die Wunder auch!
Dort wohnt das Feld der Möglichkeiten,
um deine Träume für die Realität aufzubereiten.
So schlägt das Herz
und fühlt der Bauch
für der Freude Lebenshauch!

48

FREUDENMEER

Das Leben ist so freudefunkelnd
in einem freudenhellen Schein
und ein Freudenmeer ist mein eigen Sein.
So ist ein riesen Freudengetümmel
meiner Seele Himmel,
wo ich ums Freudenfeuer tanz
mit einem Blumenfreudenkranz.
Könnt ihr alle mein Freudenlachen hören,
will so alle Traurigkeit zerstören.
Bin so freudenselig in meinem Freudentraum,
kann über allen Kummer schauen
und mir freudvoll meine eigne Welt aufbauen.

VON ALLEIN

Lachen, Freude und Humor,
aus diesen dreien gehen alle Wunder hervor.
Sie sind voll von guter Energie
und die vergeht bekanntlich nie.
Auf die Frage nach dem „Wie"
musst du sagen:
glücklich sein,
dann kommen alle Wunder von allein.

ZWEISAMKEIT

Mit Humor und Fröhlichkeit,
zu jeder Zeit für Spaß bereit,
so leb ich alle Zeit
und mach mein Herz ganz weit.
Da ist kein Platz für Streit,
sondern nur wundervolle Zweisamkeit.

BRAUSEHERZ

Mit Freude im Herzen
und Brause im Blut
hab ich immer Glut für frischen Mut.
Kann die Fröhlichkeit
entfachen zu jeder Zeit,
so wird mein Humor zum Feuer werden
und steckt alle an auf Erden.

LEBENSSTAUB

Lass dein Leben nicht einstauben,
lern dir wieder zu vertrauen,
so kannst du in den Spiegel schauen
und erkennen, wer du bist,
bevor du dich noch selbst vermisst.
Entdecke, was du alles kannst,
wenn du dich traust
und nach vorne schaust!

ABRISSBIRNE

Ich schwing die Abrissbirne
gegen alle Traurigkeit,
so wird die Zeit kommen,
wo nur noch Frohsinn übrig bleibt.
Lasst uns auf die Berge steigen,
für jeden Spaß bereit,
denn wo ein frischer Wind weht,
da gibt es keinen Streit.

SORGENTEE

Da kam das Problem
und wurde von der Sorge gefressen,
die Schwierigkeit ist schon ganz versessen,
ist doch das Problem vergessen.
Nur die Sorge hat jetzt Bauchweh,
aber so, wie ich das seh,
braucht sie nur `ne Runde Tee.

EINFACH WUNDERVOLL

Da ist wunderbarerweise dieses Wunder in mir.
Dieses Wunderbunt ist meine ganze Zier.
So bin ich mein Wunderelixier
mit Wunderdrache in mir.
Bin so wunderfein, wunderfarbig
für meinen Wunderfirlefanz.
So wunderfreudig, wunderfroh
mitten in meinem Seelenzoo.
Meine eigne Wunderfülle ist meine Wunderlebensgaukelei,
da ist für jeden was dabei.
So hat mein eignes Wunderland
mich als Wundermacherin voll anerkannt.
Da leb ich wundertrunken, wunderreich
in meinem Wunderwerk am Seelenteich.
Meine Wunderunendlichkeit wird nie vergehen,
kann ich doch hinter jedem Stern im Freudentaumel
ein neues Wunder sehen.

MEINE BITTE FÜR DIE MITTE

Engel und Teufel drehen sich im Kreis,
so kann die Lüge die Wahrheit der anderen sein
und das Klischee die Hölle in unserer Mitte.
Deshalb hab ich eine Bitte:
Höre auf dein Bauchgefühl
in des Lebens großem Gewühl,
so wird dir nichts zu viel.

KONSEQUENZ MEINER INKONSEQUENZ

Die Konsequenz meiner Inkonsequenz,
für die ich brenn
und deren Namen ich kenn,
entfacht in mir
ein herrliches Meer der Möglichkeiten
für alle meine Torheiten.
So lebt mein Zirkus in mir
und gibt die Manege frei
für meiner Verrücktheit Allerlei.

EIGNER HIMMEL

Ich hab `nen wirklich guten Lauf,
denn ich räum einfach mal neu auf.
Das mach ich nicht nur um mich rum,
denn nur im Außen ist doch dumm.
Ich horch mal ganz tief in mich rein,
um so zu sein in mir daheim,
dann streich ich alles hellblau an,
damit ich mein eigner Himmel sein kann.

HUMOR IST TRUMPF

Humor ist Trumpf,
so schrumpfen Angst und Traurigkeit.
Für immer und für alle Zeit
soll der Humor mir Heimat sein
und das Lachen in meinem Leben rein.
Wir gehören zusammen,
bis der letzte Vorhang fällt.
Humor, du bist mein Geld!

ERKENNTNISSE DES ZWEITEN STREICHS ...

WELCHE Träume aus dem Feld der Möglichkeiten hast Du Dir
bis jetzt erfüllen können?
Schreib sie alle auf, dann kommen immer wieder neue obendrauf!

....
....
....
....
....
....
....
....
....
....
....
....
....
....
....
....
....
....
....

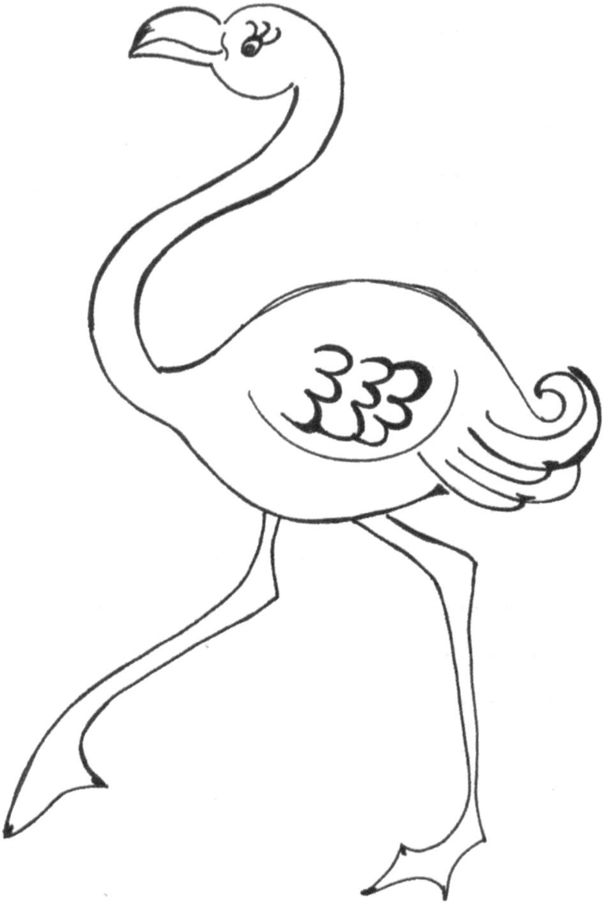

DRITTER STREICH ...

Die Lebensengstellen liegen alle weit hinter Dir und das Feld der Möglichkeiten hat sich Dir eröffnet.

MEINE GEDICHTE NEHMEN DICH MIT, SO SEI NEUGIERIG UND GEH VORAN, DANN KOMMST DU AUCH AN.

In diesem meinem **Abenteuerleben Darf ich sein,** dort, wo das **Sekundenglück** mir ein **Zuckerwattenhimmelblau** als **Seifenblasentraum** schenkt.

So zieht der **Glitzer der Fröhlichkeit** mit **Umzugskisten Konfettikanonen** zündend in mein **Getanztes Lachen** ein.

Stille, **Stille** wird es überall, wenn der **Schnee von gestern** anfängt zu schmelzen und **Alles rund** wird.

Nimm`s leicht, dieses Leben, dann kommt der **Seelenglitzer** von ganz allein.

ABENTEUERLEBEN

Dort, wo Abenteuer kichern
und das Leben fröhlich tanzt,
will ich sein,
in meiner Seele rein.
Werd so keinen Tag bereuen
und mich auf jedes Morgen freuen!

DA DARF ICH SEIN

Ich bin so gespannt,
vom Leben gebannt,
hinter Wünschen hergerannt,
über den Regenbogen geflogen,
hab meinen Hintern mit Schokolade betrogen,
doch ich bin mir auch selbst gewogen,
hab meine Seele nie belogen,
hab überall nach dem Frohsinn gesucht
und die Traurigkeit verflucht.
Werde immer ein Sonnenkind sein,
im Herzen rein.
Werde greifen nach den Sternen,
ständig neue Sachen lernen
und unendlich glücklich sein,
in mir drin,
da bin ich daheim,
da darf ich sein.

SEKUNDENGLÜCK

Ein Lachen hält zehn Sekunden,
doch die Freude im Herzen, die hält Stunden
und füllt alle alten Wunden
mit ganz viel Brause aus,
so geht die Traurigkeit heraus.
Dann kann ich mir selber wieder traun
und meine Sandburg neu aufbaun.

ZUCKERWATTEN-
HIMMELBLAU

Der Himmel hängt voller Wolken,
wie Zuckerwatte sehen sie aus.
Ich will hier raus,
will Richtung Horizont fliegen,
um dort ein Bild von meinen Träumen zu kriegen.
So wird meine Fröhlichkeit über alle Trauer siegen
und die Ängste sind verschwiegen,
da sie sonst eins auf die Nase kriegen.
Ach, was lieb ich diese Welt,
dieses tiefe Himmelblau,
wenn ich mich befrei vom öden Alltagsgrau.

SEIFENBLASENTRAUM

Wenn Seifenblasen platzen,
purzeln Träume in die Welt,
dafür brauchen sie kein Geld,
Fortuna hat sie für dich und mich bestellt.
Ich hoffe, dass dieser Seifenblasentraum auch dir gefällt,
denn so erhellt sich unsere Welt
auch ohne immer nur mehr Geld!

GLITZER DER FRÖHLICHKEIT

Dort, wo es glitzert,
kannst du mich suchen
und meine Fröhlichkeit buchen.
Werd dir was Neues erzählen
dich nicht mit Langeweile quälen.
Für dich neue Ideen auswählen,
ungekonnt wilde Lieder singen,
so wird mein Glitzer dir den Frohsinn bringen
und niemals mehr verklingen.

UMZUGSKISTEN

Meine Umzugskisten
sind mir gewogen
und haben kein Gewissen.
So muss ich nirgends bleiben,
nur in mir verweilen.
Bin ich auch manchmal hin- und hergerissen,
so ist es doch nicht mein Gewissen,
es sind nur die Umzugskisten.

KONFETTIKANONEN

Etwas Neues zu erleben,
bringt dein eignes Sein zum Schweben.
Einen Wandel zu gestalten
und nicht länger die Langeweile zu verwalten,
wieder einmal verrückt sein,
dass Leben genießen
und mit Konfettikanonen
auf die Normalität schießen.

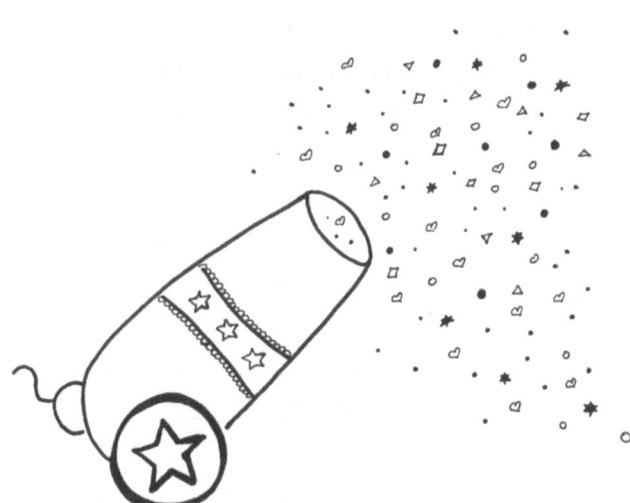

GETANZTES LACHEN

Wir sind alle Menschen,
wir sind alle Tänzer,
das Leben ist unsere Bühne.
So lasst uns ohne Sühne
das Leben tanzen,
es gibt für uns keine Schranken,
außer den Brettern vorm Kopf.
Ich bin aber kein armer Tropf,
hab kein Brett vorm Kopf.
Bin offen für alles Neue,
auf dass ich niemals ein Versäumnis bereue.
Die Treue zur eignen Seele ist mir wichtig
und so schreib ich meine Geschichte
in einer Welt voller Gedichte,
wo ich niemals auf ein Lachen verzichte.

STILLE, STILLE

Engelsstill ist meine Gedankenstille,
einfach nur, weil ich es will.
Mucksmäuschenstill für mein Gefühl.
Sternenstill will ich still beglückt nach vorne schauen
und mir meinen Traum erbauen,
dafür muss mein Geist still glücklich sein,
stillhalten und still lächeln,
so der Seele neuen Wind zu fächern.
Da wird still leuchtend meinem Leben stillvergnügt,
aus jeder Traumstille ein Wunder zugefügt,
so dass die Zauberstille nie vergeht,
die mich so belebt.

SCHNEE VON GESTERN

Lass den Schnee von gestern schmelzen,
lass das Heute wichtig sein,
so kann das Morgen kommen
und du hast die Chance für die Zukunft gewonnen.
Halte nicht an der Traurigkeit von gestern fest,
sondern gib ihr ganz gekonnt den Rest.
Mach das Tor der Zukunft auf,
dann bekommst du deinen Lauf,
von hier an geht`s bergauf,
lauf einfach nur hinauf.

ALLES RUND

Eigentlich bin ich viele,
die zusammen sind ein Wir,
so leben meine Geister in mir.
Sind stets außer Rand und Band,
finden das Leben so interessant.
Anfang und Ende sind derselbe Punkt,
so ist am Ende alles rund.

NIMM`S LEICHT

Tanze, als gäbe es kein Morgen mehr.
Lache, als wäre alles nur Spaß.
Lass deine Augen leuchten
und verschreibe dich dem leichten Weg.
Schieb alle Wolken zur Seite
und bereite dir einen Sonnentag.
Warte nicht darauf,
dass jemand dich: Wie geht`s dir?, fragt.
Sondern sag:
Heute hol ich mir mein Glück am Stück
und den Himmel auf die Erde zurück!

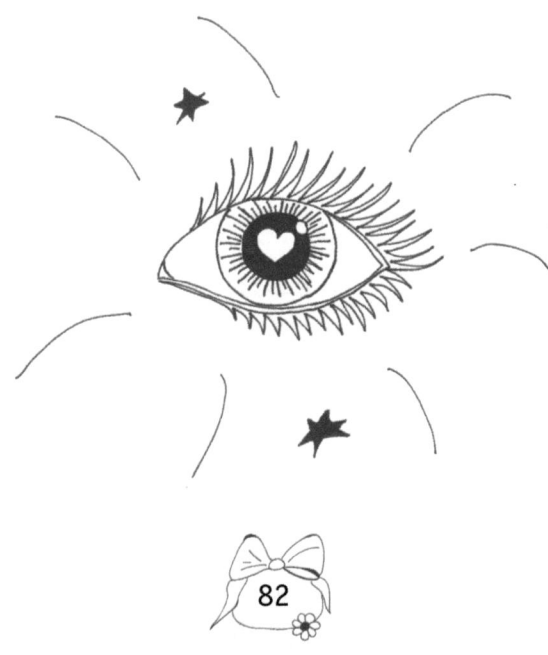

SEELENGLITZER

Ich hab ein volles Herz
und eine Seele, die glitzert,
so bin ich unendlich reich und auf Frohsinn geeicht!
Da brauche ich kein Geld,
denn auch ohne was zu haben,
habe ich Milliarden.
So lacht das Leben mit mir
und ist meiner Seele Zier!

ERKENNTNISSE DES DRITTEN STREICHS ...

WANN ist es in Deinem Leben immer leicht geworden, wenn Du angefangen hast, es nicht mehr so schwerzunehmen?
Nutze diese Zeilen und erinnre Dich für mich ...

. . . .

. . . .

. . . .

. . . .

. . . .

. . . .

. . . .

. . . .

. . . .

. . . .

. . . .

. . . .

. . . .

. . . .

. . . .

. . . .

. . . .

. . . .
. . . .
. . . .
. . . .
. . . .
. . . .
. . . .
. . . .
. . . .
. . . .
. . . .
. . . .
. . . .
. . . .
. . . .
. . . .
. . . .
. . . .
. . . .
. . . .
. . . .
. . . .
. . . .

VIERTER STREICH ...

Wenn Du die Dinge selbst nicht mehr als schwierig betrachtest, fängt alles an leicht und einfach zu werden. Das Leben wird eine Abfolge von andauernden Sekundenglücken.

KOMM MIT UND LASS DIR VON MEINEN GEDICHTEN FLÜGEL SCHENKEN ...

So zieht **Auf der Suche** des Lebens die **Faszination** ein, die als **Zauber** im **Seelenreichtum** ein **Lebensgedicht** entstehen lässt.
Keiner hält dich zurück, dadurch öffnet sich **Außerhalb der Zeit** eine **Neue Tür** für Dich und alles wird **Maximal genial**.
Der **Fotofilter** Deines Seelenglitzers ist ein **Träumender Optimist**, **Einfach nur Freiheit** steht auf seiner Lebensfahne, so bist Du **Am Ende der Welt auf Wunder eingestellt**.

AUF DER SUCHE

Wenn ich nur richtig nach mir suche,
dann werd ich mich auch finden.
Muss mich nur an meine eigne Seele binden,
in meinen Tiefen verschwinden,
so wird es mir gelingen
und meine Wünsche werden klingen,
als würden sie Lieder singen
voll von schönen Dingen,
die mein Herz zum Lachen bringen.
In dieser Suche werde ich ganz verschwinden
und den Lebensfrohsinn finden.

FASZINATION

Wenn Faszination sich plötzlich lohnt
und deine Ideen ein Lachen entfachen,
hast du den richtigen Weg gewählt,
dich nicht mit der Entmutigung der anderen rumgequält.
So siehst du das Licht am Horizont
und die Wunder kommen prompt.
Da wird alles strahlend hell
und du brauchst kein dickes Fell.
Jetzt lacht der Himmel nur für dich
und verspricht, dass deine Wege gerade laufen,
ganz ohne dir die Haare zu raufen.
Das alles kommt von deiner Frohnatur,
denn das ist die eigentliche Faszination PUR!

ZAUBER

Die Musik spielt,
mein Herz schlägt,
in mir explodiert ein Feuerwerk.
Mein Paradies entsteht,
es herrscht ein Zauber, der nie vergeht.

SEELENREICHTUM

Heute bin ich ein Blatt im Wind,
kann mit ihm spielen wie ein Kind.
Für alle Sorgen bin ich blind,
so gelingt mir jeder Streich,
alles Harte wird ganz weich,
meine Seele ist unendlich reich.

LEBENSGEDICHT

Ich leb in meinen Gedichten,
so schreib ich mir selbst die schönsten Geschichten.
Ich mag kein Drama,
ich bin fürs Lama.
Da wird mit mir überall die Fröhlichkeit tanzen
und die Traurigkeit sich vor mir verschanzen.
So mal ich mir meinen Lebenslauf
und renne fröhlich nur bergauf.

KEINER HÄLT DICH ZURÜCK

Keiner außer dir hält dich zurück,
also warte nicht auf dein Glück,
fang selbst zu laufen an,
warte nicht auf irgendwann.
Suche nach den schönen Dingen,
die dir ganz viel Freude bringen
und in deiner Seele klingen.
So wirst du das Leben lieben,
musst dich für niemanden mehr verbiegen,
wirst alle Wunder kriegen
und der Zauber deiner Träume wird siegen,
so gelingt dir das Fliegen.

AUSSERHALB DER ZEIT

Außerhalb der Zeit
leben Millionen von Gedanken,
sind zu allem bereit,
fühlen sich von der Zeit befreit.
So gibt es alle Möglichkeiten,
die außerhalb der Zeit durch den Kosmos reisen,
über allen Dingen kreisen,
du musst nur nach ihnen greifen
und die schönsten an dich reißen.
So erwecken sie deinen Traum,
dieser wird zu deinem Raum
voller fröhlicher Ideen,
in dem Millionen von Gedanken schweben,
allem neue Hoffnung geben
außerhalb der Zeit,
in der uns alles bleibt!

NEUE TÜR

Lass dein altes Leben hinter dir
und geh durch diese neue Tür.
Erkenn des Lebens Wofür,
dann brauchst du kein Warum,
denn das macht dich nur stumm.
Du bist noch so jung,
nimm dir selbst nichts krumm,
betanke dich mit Lachen,
schließ die alte Tür
und sag, dafür bin ich hier!

MAXIMAL GENIAL

Es ist genial,
einfach ideal,
phänomenal,
maximal auf Glück geeicht.
Damit das Lachen nicht mehr weicht,
fühlt mein Geist sich leicht
und meine Seele streicht
durch das Land der Träume.
Nirgendwo sind Zäune,
nur endlos große Räume
für immer neue Tagträume
und Lebensbäume.

FOTOFILTER

Der Himmel ist ein Fotofilter,
er macht für uns die schönsten Bilder,
sie schimmern glänzend wie aus Silber.
Also fang sie ein, die schönen Stunden,
lass sie in deiner Seele ruhn,
dann bist du für all das Schlechte
draußen in der Welt immun.

TRÄUMENDER OPTIMIST

Ich bin der größte Optimist,
da ich das Lachen nie vermiss,
weil mir das Leben Freude schenkt
und mich zu meinen Träumen lenkt.
Werde in allem das Schöne finden
und so wird es mir gelingen,
nicht mehr auf das Negative zu fluchen
und überall meine Träume zu suchen.

EINFACH NUR FREIHEIT

Freiheit ist das,
was man nicht einsperren kann,
das, wonach die Seele sucht
und alle Regeln still verflucht.
Freiheit ist das,
was man braucht,
wenn man an die Erfüllung seiner Träume glaubt!

AM ENDE DER WELT
AUF WUNDER
EINGESTELLT

Begrüße jede Chance,
feire ihre Möglichkeit,
so bist du für Unmögliches bereit
in dieser Zeit,
die andere zum Verzweifeln treibt,
doch in dir neue Geschichten schreibt.
Bis ans Ende dieser Welt,
bist du so
auf Wunder eingestellt.

ERKENNTNISSE DES VIERTEN STREICHS ...

JETZT, wo Dein träumender Optimist erwacht ist, beginnen neue Träume in Dir zu leben.

Schreib sie hier alle nieder, dann kommen immer Träume wieder und werden in Erfüllung gehen, denn so wird es hier geschrieben stehen.

....

....

....

....

....

....

....

....

....

....

....

....

....

....

....

....

....

....

. . . .
. . . .
. . . .
. . . .
. . . .
. . . .
. . . .
. . . .
. . . .
. . . .
. . . .
. . . .
. . . .
. . . .
. . . .
. . . .
. . . .
. . . .
. . . .
. . . .
. . . .
. . . .
. . . .
. . . .
. . . .

SCHLUSSHOFFNUNG

Ich hoffe,
dass meine Gedichte
Dich in das Abenteuerwunderland
Deiner eigenen Seele entführt haben und
Du ab jetzt den Weg dorthin alleine kennst.
So dass Du in Dir spazieren gehen kannst
und siehst,
wie das Kunterbunt Deiner Seele glitzert,
wenn Du Gutes tust.
Bis bald,
wenn in der Welt wieder ein weißes Blatt Papier
vom Zauber der Buchstaben verwandelt wird und
Dir von mir erzählt ...

Wundertütenpoet

BESUCHE MICH AUF

WWW.WUNDERTUETENPOET.DE